AF266900

CAMPAGNE ÉLECTORALE

LES

GRANDS PETITS HOMMES

Du Journal **LA VICTOIRE**

PAR

Adhémard LESFARGUES - LAGRANGE

Prix : 50 centimes

BORDEAUX

IMPRIMERIE A. ARNAUD

30, rue des Facultés, 30

1879

CAMPAGNE ÉLECTORALE

LES

GRANDS PETITS HOMMES

Du Journal LA VICTOIRE

PAR

Adhémard LESFARGUES – LAGRANGE

Prix : 50 centimes

BORDEAUX

IMPRIMERIE A. ARNAUD

30, rue des Facultés, 30

1879

AVERTISSEMENT

L'événement politique sorti des urnes le 20 avril, dans la première circonscription de Bordeaux, est un de ceux qui font époque dans une cité.

Les journaux ont bien commenté et apprécié plus ou moins logiquement ou véridiquement les détails de cette campagne mémorable ; mais, à mon avis, cela ne suffit pas. J'ai cru devoir traiter dans une brochure spéciale ce sujet important, d'abord parce que de tels honneurs lui sont dus. ensuite parce qu'une brochure est plus facile à conserver dans une bibliothèque qu'une collection de journaux.

Un autre motif m'a poussé à écrire cette nouvelle étude :

Je me dois à mes lecteurs comme un député se doit à ses électeurs. Tout acte local qui semblera réclamer l'office de .ma plume sera désormais considéré par moi comme un acte obligatoire.

Et je suis persuadé que l'élite de la population bordelaise — il y a des hommes d'élite dans toutes les classes de la société, — l'élite de la population, dis-je, éprouvera un sentiment de satisfaction en lisant cette brochure, où se trouvent flagellés et réduits à leur juste valeur les écrivassiers politiques qui n'ont pas craint de jeter dans le parti républicain ces germes de discorde qui entraînent la déconsidération.

Les rédacteurs de la *Victoire* — c'est-à-dire le
trio Martin-Aimel-Gambier — ayant joué le
plus triste rôle dans cette malheureuse campagne,
j'ai jugé à propos de leur faire les honneurs d'un
intitulé. Tant mieux pour eux s'ils s'en trouvent
flattés !

Ils savent, du reste, depuis longtemps, que
j'aime les discussions au grand jour et que ma
plume indépendante ne reçoit d'ordres de personne.

C'est à ce titre que j'ai résolu de faire connaître au public des personnages qui seraient
excellents s'ils n'avaient pas la *tocade* de se
prendre au sérieux politiquement.

Ils ont beau concentrer tous leurs efforts pour
se blanchir et pour essayer d'amoindrir l'effet
produit dans notre ville par l'élection Blanqui :
ils ne réussiront qu'à aggraver la situation.

Bordeaux-Commercial, Bordeaux-Travailleur,
Bordeaux-Intelligent a éprouvé une pénible im-
pression en apprenant le résultat du vote du 20
avril. Quant à moi, j'aurai longtemps au souvenir ces cris de « Vive Blanqui ! *vive l'empire !* »
qui partaient des groupes en stationnement sur
la place de la Mairie au moment où je rentrais à
mon domicile pour jeter sur le papier ce que j'ai
l'honneur de mettre aujourd'hui sous les yeux du
public.

Bordeaux, 23 avril 1879.

LA

CAMPAGNE ÉLECTORALE

LA SAINTE-TRINITÉ DE LA RUE CABIROL

Ils sont trois du même acabit, mais tous trois de convictions et d'aptitudes différentes ; c'est grâce à cela qu'ils s'entendent si bien, en dépit de la surdité gagnée par le plus long du trio, dans ses relations prolongées avec le célèbre Argus-Gazette.

« Gilbert-Martin est-il dieu ? — Oui, Gilbert-Martin est dieu !

— Aimelafille est-il dieu ? — Oui, Aimelafille est dieu !

— Gambier est-il dieu ? — Oui, Gambier est dieu !

— Ces trois personnages font donc trois dieux ?

— Non ! ces trois personnages ne forment qu'un seul et même dieu !...

— Plaît-il...?

— Allons, f...-nous la paix !... On vous dit que ces trois personnes ne font qu'un seul et même dieu. Vous devez le croire. Le radicalisme est un mystère qui ne peut être approfondi. Les grandes choses ne sont pas à la portée de toutes les intelligences... »

En avant! les moutons de Panurge !...

Et vivent les dieux de carton !...

M. CH. GILBERT-MARTIN

Ce personnage est de l'ordre des *échassiers*. Il essaie vainement de porter sa tête comme Saint-Just. Il est des têtes trop lourdes pour la *carassonne* physique dont elles dépendent et avec laquelle elles forment corps de bâtiment. Donc, la tête du rédacteur de la *Victoire* imite le balancier d'une pendule. Se fixera-t-elle un jour à droite, à gauche ou au centre? Nul ne peut le prévoir. On sait pourtant que le porteur n'est pas l'ennemi du centre :

> C'est la seringue
> Qui nous distingue
> Partisans du juste milieu !...

M. Gilbert-Martin tire constamment ses manchettes, qui persistent sans doute dans un mouvement de recul.

Peut-être aussi veut-il singer le célèbre Buffon, lequel aurait cru se déshonorer s'il avait écrit une seule ligne sans que ses poignets fussent ornés de ces jolis accessoires brodés qui faisaient son bonheur. On sait que la plume de M. de Buffon était inspirée par les bêtes : l'homme aux manchettes avait toujours les animaux en vue.

Le fondateur du *Don Quichotte* est un *Gilbert* lorsqu'il arpente le terrain qui lui est propre : celui où il s'est acquis une légitime réputation ; mais il devient tous les jours de plus en plus *Martin* sur le terrain politique.

Il y a évidemment deux hommes dans ce type : l'un qui sale la soupe du *Don Quichotte* avec du sel attique ; l'autre qui assaisonne celle de la *Victoire* avec des choux d'âne, des chardons et des carottes blanches... dites de cheval.

C'est la soupe sociale de l'avenir social !...

Le Martin de la *Victoire* a été jadis un des piliers de ce fameux *Journal rapide* qui devait faire sensation dans le monde, journal où les plus brûlantes questions politiques étaient traitées avec rapidité et dont les rédacteurs paraissaient ne douter de rien.

Ce titre « Journal rapide » avait intrigué les populations, tout en produisant son effet. On était stupéfait... Mais on a su depuis que la feuille desséchée avait été baptisée du nom de *rapide* par la raison qu'elle devait disparaître *rapidement*.

Voilà qui simplifie l'affaire. Nous comprenons, à cette heure. Et gageons que les actionnaires ont compris aussi !

M. Martin — où était donc Gilbert? —a acquis une célébrité dans une affaire d'honneur avec le député Dréolle. On n'a pas encore oublié toute l'émotion que produisit, à son apparition, le numéro du *Don Quichotte* contenant un ARTICLE intitulé : UN DROLE !...

Le public avait retenu son haleine. On ne voyait désormais à l'horizon que cadavres, que sang, que tronçons d'armes...

Les bonnes gens de la ville
Larmoyaient comme des veaux,
Et l'on dit qu'un sergent d'ville
Soupira... mais pas bien haut.

C'était l'heure sentimentale, l'heure virile. Le vent était à la chevalerie. Les Bordelaises n'avaient point la chair de poule, mais leur cœur avait été touché, si bien que le lendemain de ce *même jour*, je trouvai, en rentrant chez moi, ma gouvernante tout en larmes, mon *Don Quichotte* à la main (1).

Et comme je paraissais stupéfait :

« Moi aussi, s'écria-t-elle, je suis mère ! Moi aussi, j'ai un fils ! »

. . . .

On sait le reste. On n'a pas oublié également le soupir de satisfaction qui *se tira des pieds* de toutes les poitrines lorsqu'une dépêche annonça que tout s'était bien passé à Plessis-Picquet.

M. Gilbert-Martin est un duelliste d'une école qui n'a rien de commun avec celle des Girardin (Emile), des Carrel (Armand), des Appleton.

(1) Je suis un des plus anciens abonnés de ce journal. J'en possède la collection complète et je dois constater avec satisfaction que j'ai fait, dès son début, tout ce qui dépendait de moi pour le faire apprécier.

M. AIMELAFILLE

Cet ex-tabellion est de la famille des *fouisseurs*. Il s'agite sur le terrain politique absolument comme la taupe sur un autre terrain. Où
iront aboutir ses souterrains? C'est le moindre
de ses soucis. Pourvu qu'il creuse, pourvu
qu'il détourne sens dessus dessous un sol quelconque, il est à son affaire.

Ce personnage ne se soucie pas évidemment
de signer ses écrits avec la totalité de son
nom. Il est vrai qu'un des rédacteurs de feu
l'*Ami du Peuple* en a fait jadis l'objet d'une
plaisanterie. Mais ce n'est pas là un motif sérieux ; et quel est donc celui qui pousse le
rédacteur de la *Victoire* à signer *Aimel* alors
qu'il se nomme bel et bien *Aimelafille* ?

M. Aimelafille est un écrivain d'un tempé-
rament bilieux. Il a besoin de saper quelque
chose. Le discernement lui fait complétement
défaut. Étant rédacteur en chef de la *Victoire*,
il a été autrefois goûté, parce que la politique
agressive était de saison. Aujourd'hui la situation est tout autre. Ce n'est plus M. de
Mac-Mahon qui est président de la République

française, c'est M. Jules Grévy. Une réserve est imposée à tous ceux qui veulent aider à affermir le système actuel de gouvernement, à tous ceux qui sont assez clairvoyants et assez honnêtes pour comprendre toutes les difficultés qui servent de compagnes aux hommes éminents qui tiennent le pouvoir.

S'il ne restait qu'un Français rebelle à s'incliner religieusement devant une situation semblable, ce serait à coup sûr le citoyen Aimelafille. Ses agissements sont les mêmes sous M. Grévy que sous M. de Mac-Mahon. C'est un Blanqui au petit pied: « Renversons, renversons toujours ! après nous le déluge ! »

Hélas ! on commence à être rassasié de cette politique de renversement, qui tue le commerce, qui jette le trouble dans les consciences, parce que l'on pressent où tout cela peut nous conduire.

Quand la France possédera assez d'Aimelafilles, la solution ne se fera pas longtemps attendre. Il n'y a pas deux manières de régler un compte avec des gens qui portent la tête d'autant plus haute que leurs convictions politiques se dédoublent dans leurs bottes où elles habitent un sous-sol digne d'elles.

Le citoyen Aimel collabore au *Don Quichotte* d'une assez piteuse façon. Personne ne lit les prétendues originalités qu'il étale à la seconde page de ce journal. C'est trop élevé pour le vulgaire et c'est trop vulgaire pour les intelligences élevées. Le public a été déçu dans ses espérances.

M. Gilbert doit songer à s'adjoindre au plutôt un collaborateur capable de le seconder au *Don Quichotte*, s'il veut maintenir la réputation d'une feuille humoristique qui fait vraiment honneur à la province et à la décentralisation littéraire. Le même Gilbert agirait sagement aussi en se méfiant tant soit peu du copain en question. La race des Bourrienne n'est pas plus éteinte que celle des Saint-Arnaud.

Attention, s'il vous plaît ; tant pis pour vous, Gilbert, si vous êtes assez Martin pour accepter comme argent comptant les lettres de change de l'ambitieux Aimel !

Le mammifère de l'ordre des *fouisseurs* qui fait partie de la bande visée est un de ces compères qui savent tirer profit des situations et des gens au caractère faible. C'est un acrobate qui en imposerait facilement aux nigauds de la galerie, mais qui perdrait son temps ailleurs.

Il possède un truc pour faire marcher son monde.

On l'a vu parfois, rentrant après une promenade en ville, dans les nouveaux bureaux de la *Victoire,* se laisser aller sur un fauteuil, comme quelqu'un qui se trouve sous le coup d'une rude émotion, aux prises avec le découragement.

Aux copains qui l'entourent, il dit ceci :

« Je viens d'apprendre quelque chose qui me coupe bras et jambes.....

— Oh ! parlez, parlez! cher ami!..

— Je ne sais si je dois le dire !

— Oh ! parlez, parlez! ne sommes-nous pas des frères ?

— Eh bien ! un républicain avancé, que je quitte à l'instant, vient de me dire combien il était peiné de voir que...

— Que... quoi ?...

— Que Gilbert-Martin avait l'air de *baisser.....* et je suis presque de son avis.

— Ah ! je *baisse!* ... Eh bien ! nous allons voir!... »

Voilà la véritable source des articles stupides publiés dans la *Victoire* sous la signature Gilbert-Martin.

Maintenant, je vous le demande, hommes sensés, hommes logiques : quelle confiance peut-on avoir dans de semblables saltimbanques politiques ?

M. A. GAMBIER

Ce citoyen appartient à la famille des *galli-nacés*. Il est naïf et ne saurait prendre d'essor de son propre mouvement. Comme les oiseaux de basse-cour, il a des tendances à tournailler machinalement autour de la ferme politique où grouillent ses congénères. Il a connu Aimelafille dans le notariat ; il l'a suivi à la *Victoire* dans le temps ; on les retrouve à la *Victoire* d'aujourd'hui.

Aux yeux de Gambier, Aimelafille est un phénix, un génie !

Si Aimelafille venait à mourir, Gambier le pleurerait. Et si Gambier mourait, l'autre ne verserait pas une larme.

Quoi qu'il en soit, le gallinacé de la *Victoire,* mi-notaire, mi-médecin et mi-journaliste, possède plus de qualités à lui tout seul que ses deux associés. Je crains même pour lui qu'il ne puisse se convenir harmoniquement avec eux, car il sera obligé de forcer son naturel pour devenir de mauvaise foi. Il a le cœur sur la main, il est communicatif et pas précisément hypocrite.

S'il n'est pas convaincu outre mesure de radicalisme, il serait à désirer que la moitié des radicaux eussent son caractère. On pourrait peut-être espérer d'en faire quelque chose.

Le lendemain de la publication du fameux article de la *Victoire* qui a sali à jamais cette feuille, je rencontrai Gambier dans la rue. Il avait le visage tout décomposé : on aurait dit qu'il venait de consulter l'oracle de Trophonius. A coup sûr, sa conscience — car il en a une — lui reprochait quelque chose. Il serait même inutile d'essayer de me donner un démenti à cet égard, car il y a trop longtemps que je m'occupe de physiognomie pour ne pas connaître les principaux caractères de cet art.

« Eh bien ?..... me dit-il.

— Eh bien ! quoi ?....

— Qu'y a-t-il de nouveau?... Que dit-on à la *Gironde?*... Cette attaque d'hier...?

— Je ne sais ce que l'on dit ou ce que l'on pense à la *Gironde* et si l'on vous répondra ; mais je puis vous assurer que si cela me regardait, vous obtiendriez une réponse.

— Cependant...

— Je n'aime pas les gens de mauvaise foi, et vous avez des façons et une manière de battre monnaie qui ne font pas honneur au parti républicain. Je ne comprends pas que Gilbert-Martin, qui a su employer la *Gironde* pour laver du linge sale, ait pu laisser son journal s'engager dans une telle voie.

— Ah ! vous mettez toujours Gilbert-Martin en avant ! Je sais bien qu'on le congratule de toutes façons : Mon cher Gilbert-Martin ci, mon cher Gilbert-Martin là.... Mais nous n'avons pas à nous en émouvoir...

— Eh bien ! marchez comme vous l'entendrez. Pour ma part, je vous blâme parce que vous jouez un triste rôle... et peut-être vous répondrai-je après les élections. »

J'ai l'habitude de tenir parole.

. . . .

Le soir du 6 avril, le gallinacé de la *Victoire* vint picorer aux alentours de la Mairie. Après avoir penché sa tête sur son épaule plusieurs fois dans la cour municipale, de manière à élever un œil comme font les dindes, les oies et les poules lorsqu'elles soupçonnent dans l'air la présence d'un oiseau de proie, — après avoir scruté le ciel et la terre, dis-je, le gallinacé Gambier s'introduisit dans une des salles où l'on venait d'achever le dépouillement du vote.

Là étant, il s'approcha d'un groupe où je me trouvais, et, baissant la tête sur son épaule, il me jeta cette interrogation :

« Eh bien ! quel est le résultat ?

— Vous avez obtenu une *veste* des mieux conditionnées.

— Que me dites-vous?...Elle est belle, celle-là ! Additionnez...

— Les additions sont toutes faites. Voici vos deux candidats : les deux autres ne vous regardent pas... »

Gambier quitta la salle.

« Vous verrez, dis-je tout haut, que ces gens-là vont mettre à leur actif les voix obtenues par Blanqui ! »

Pour être véridique en tout, je dois dire que M. Gambier avait ce soir-là une physionomie presque aussi décomposée que le jour où il me fit l'effet d'un touriste arrivant en droite ligne de l'antre de Trophonius.

—

Si la classification dont je me suis servi vis-à-vis de la sainte-trinité qui préside aux destinées gouvernementales dans la rue Cabirol ne plaisait pas à quelques lecteurs, on pourrait la rectifier ainsi :

Un aigle paonisé, un hibou, et un gallinacé vigilant susceptible de se transformer en pigeonneau.

LA PÉRIODE ÉLECTORALE

Bien avant la mort de M. Simiot, la première circonscription de Bordeaux avait jeté les yeux sur MM. Métadier et Octave Bernard pour la succession qui devait être vacante.

Les autres candidats, MM. Delboy, Jouffre, Roche et autres, n'avaient préoccupé que médiocrement l'attention publique.

Seuls, les deux premiers avaient su attirer les regards des électeurs militants.

M. Métadier, conseiller général dans cette circonscription, homme d'une parfaite honorabilité, était cependant moins apte que son ami M. Octave Bernard à fermer le vide laissé par la mort de M. Simiot.

M. Métadier est une de ces natures exceptionnelles où la vigilance est toujours en faction. Il a mené de front pendant de longues années la médecine et la politique. Mais cette dernière n'a pu supplanter la première.

Je suis certain que M. Métadier ferait un médiocre député, parce que je suis convaincu qu'il est tout simplement un de nos meilleurs médecins.

S'il avait voulu faire comme tant d'autres,

qui sont bien loin de l'égaler scientifiquement et pratiquement ; s'il avait voulu, dis-je, remuer ciel et terre, il aurait été un des premiers professeurs nommés à la Faculté de médecine de Bordeaux.

Mais tel n'est pas le caractère de M. Métadier, qui est timide comme une gazelle, malgré son encolure et sa constitution herculéenne. Il tirerait modestement un malade d'un mauvais pas, dans un modeste appartement, mais il serait incapable de faire valoir verbalement son opinion dans une Assemblée législative.

Il est médecin des pieds à la tête, et pas du tout homme politique. Les événements l'ont prouvé. Le chant du coq a été le chant du cygne.

Mon espoir est que la Faculté de médecine comptera un jour le docteur Métadier parmi les siens. Elle s'honorera tout en récompensant un travailleur de la veille, du jour et du lendemain.

—

M. Octave Bernard, quoique jeune et quelque peu inexpérimenté, ne possède pas

moins une bonne partie des qualités requises
pour briguer la députation.

Un des avocats les plus occupés du barreau
bordelais, élu successivement, à une forte majorité, conseiller d'arrondissement, conseiller
municipal, et nommé adjoint au maire de Bordeaux, il avait des raisons plausibles pour
obéir à la pression de ses concitoyens qui,
ayant jeté les yeux sur lui pour en faire un
député, le poussaient au milieu de l'arène
dans la première circonscription.

Les chances de M. Octave Bernard étaient
d'autant plus grandes qu'il est doué d'un caractère à la portée de tout le monde; qu'il ins-
pire la confiance et la sympathie à tous ceux
qui l'approchent, soit pour raison d'affaires, soit
pour lui demander des conseils; qu'il est, en
un mot, essentiellement populaire.

Comme orateur, il n'est pas le premier venu
— hélas ! les orateurs deviennent de plus en
plus rares et sont loin de courir les rues sur le
sol girondin, — et s'il a des moments laborieux dans l'exorde, il est généralement heu-
reux dans la péroraison. Il y a chez lui, comme
on dit vulgairement, beaucoup d'étoffe.

Comme je tiens à être sincère dans tous mes
écrits et loyal dans tous mes actes, je dois
dire que l'ouverture de la période électorale

m'a trouvé un des plus chauds partisans de M. Octave Bernard. Son programme politique n'est point tout à fait le mien, ainsi que l'on s'en aperc vra plus tard ; mais il était, à mon avis, l'homme de la situation. Ce détail et la sympathie qu'il m'a toujours inspirée me satisfaisaient largement.

Je me suis intéressé à sa candidature bien avant l'entrée en scène de M. André Lavertujon, que je croyais oublié à tout jamais politiquement, et dès que M. Lavertujon a été le compétiteur déclaré de M. Octave Bernard, ma conscience m'a dicté la plus rigide neutralité, neutralité dont je ne me serais pas départi un seul instant sans un événement imprévu.

PIÈTRERIE

Les mélassiers-politiques de la rue Cabirol, chagrinés de voir que tout allait assez bien pour l'honneur du corps électoral de la première circonscription de Bordeaux, jugèrent à propos d'entrer dans un autre ordre d'idées, en accentuant leur conduite, jusqu'alors correcte et courtoise.

Tout était prêt depuis longtemps; mais l'occasion ne se présentant pas assez vite pour essayer leurs chassepots, ils se hasardèrent à faire un Mentana.

A la sortie de la réunion publique de l'Alhambra du dimanche 30 mars, les marchands de journaux annonçaient à tue-tête la *Victoire* contenant le *péché originel* de M. Lavertujon.

C'était un article plein de perfidie, signé Aimel, qui avait pour but de prouver aux électeurs de la première circonscription que M. Lavertujon non-seulement avait été bonapartiste, mais était bonapartiste.

Cet acte de piètrerie eut pour effet de soulever l'indignation parmi le corps électoral. Ce fut comme une traînée de poudre. Depuis que le suffrage universel fonctionne à Bordeaux, on n'avait jamais vu se produire une telle insulte dans le camp républicain. Les organes monarchistes avaient jusque-là gardé le monopole de ce genre d'attaques, qui, chez eux, ne pouvait avoir rien d'anormal.

L'écho de cette basse calomnie se répercuta comme un coup de tonnerre. Les vieilles poitrines des vieux républicains se sentirent ébranlées par ce coup prémédité mais inattendu, et une quantité d'électeurs décidés à voter pour M. Métadier ou pour M. Bernard, ou à s'abstenir—on sait que dans ce cas les abstentions sont nombreuses au premier tour —beaucoup d'électeurs, dis-je, voyant l'honneur du parti républicain atteint dans la personne de M. André Lavertujon, se groupèrent autour de ce candidat pour venger l'affront qui se produisait par pur esprit de coterie.

Ensuite, d'autres voix destinées en principe aux candidats de la *Victoire* songèrent à changer de direction et visèrent le citoyen Blanqui. Il se produisit aussi dans le camp des réactionnaires une sorte de réveil. Un grand nombre de ces derniers comprirent parfaitement que le moment était favorable pour jeter des bâtons dans les roues. Sachant quelle est l'inscription qui figure sur le drapeau de Blanqui, connaissant l'homme et la situation mieux que bon nombre des sentimentalistes qui votaient pour le prisonnier de Clairvaux, ils n'hésitèrent pas à entrer en ligne dans un but facile à deviner.

Il est notoire que la gredinerie politique de la *Victoire* eut pour résultat de brouiller les cartes d'une telle façon que le croupier le plus rusé ne devait plus s'y reconnaître.

Sans la malencontreuse bêtise de ces tristes écrivains qui ont la prétention de se poser en maîtres dans notre cité, MM. Métadier et Bernard auraient obtenu 1,000 voix au moins de celles échues à Blanqui, ils auraient eu à eux deux un chiffre supérieur à celui acquis à M. Lavertujon, et un ballottage digne, courtois, plein d'une noble stimulation, entre l'un des candidats de la *Victoire* et le candidat de la *Gironde*, était la conclusion prévue par tout le monde.

Mais les prévisions de tout le monde sont souvent anéanties par la bêtise de quelques-uns.

Si MM. Métadier et Bernard ont été tués politiquement dans la journée du 6 avril, ils ont du moins la satisfaction de connaître les assassins.

Les coupables sont des oiseaux de mauvais augure. Ils perchent dans un recoin de la ville, dans la rue Cabirol.

C'est la sainte-trinité vénérée des socialistes et des radicaux de toutes catégories. Celle qui doit procurer la manne céleste au nouveau-monde et qui est chargée de faire passer l'espèce humaine du mont Nébo sur la terre de Chanaan.

Enfin !...

BLANQUI ET SON DRAPEAU

Quel est le drapeau de Blanqui ?

Ici il ne peut y avoir de place pour la métaphore. Nous sommes en présence de faits accomplis.

Blanqui a toujours été un agitateur qui, sous prétexte de socialisme, a voulu renverser tous les gouvernements. Sa politique a pour base le bouleversement éternel.

Il est des limites aux forces humaines.

Le socialisme est une utopie, et le drapeau de Blanqui une guenille qui représente l'instabilité gouvernementale, c'est-à-dire le désordre, la ruine et l'avilissement d'une nation.

Peu m'importe que Blanqui ait agi dans ses actes avec de bonnes intentions!

Cabet aussi avait rêvé de grandes choses. Des gens de cette espèce n'en sont pas moins des fous, et des fous d'autant plus dangereux qu'il se rencontre toujours une assez grande quantité d'imbéciles capables de prendre au sérieux leurs théories, qui n'ont que le défaut d'être en opposition flagrante avec le caractère humain.

Je le dis bien haut, le socialisme est contre

nature, et par cela même réduit logiquement à un rôle superficiel. Pourquoi ? C'est tout simple. Parce que ces prétendus radicaux ou socialistes ont juste comme la valeur d'un pain à cacheter de radicalisme ou de socialisme collé au bout de la langue. Fondamentalement, il n'y a rien chez eux en fait de principes. Leur langue est tout à la fois une lettre d'avis, une lettre de change et un capital.

Ah ! c'est une rude question que la question sociale. C'est un véritable écheveau qui s'embrouille d'autant plus qu'on l'agite avec fureur. A coup sûr, ce ne sont pas ceux qui s'intitulent bruyamment des socialistes qui le débrouilleront. Je connais trop ces prétendus réformateurs pour nourrir d'autres espérances à cet égard.

On va chercher la solution de la question sociale dans la lune, dans les étoiles, un peu partout, excepté au véritable endroit où elle se trouve.

Elle est à nos pieds, cette solution, et on ne la voit pas !

Avant que l'année se passe, si Dieu me prête vie, je la désignerai du doigt avec entière conviction. Et je mettrai au défi le plus terrible des socialistes, Blanqui lui-même, de

venir me dire au grand jour et à ma barbe :
« Vous êtes dans l'erreur ! »

Il existe un moyen de rendre l'ouïe aux plus
sourds sous le soleil de la liberté.

A propos de *liberté*, je me souviens que le
journal qui porte ce nom s'est demandé si
Blanqui représenterait autre chose à la Chambre que « l'esprit de révolte et de conspiration ».

Pour moi, qui sonde toutes choses sans me
laisser prendre aux apparences, j'affirme que
les 6,800 électeurs qui ont mis dans l'urne le
nom de Blanqui ont consciemment et inconsciemment déclaré à la face du pays qu'ils
étaient pour « l'esprit de révolte et de conspiration ».

J'ai hâte d'ajouter que ceux qui ont agi inconsciemment ne représentent pas la majorité.

Qu'est le drapeau de Blanqui ?

La *Révolution française* se charge de nous
l'indiquer. Après avoir comblé d'éloges le
fameux socialiste qui contribua à renverser la
République de 1848, elle s'écrie :

« N'est-il pas toujours et quand même la voix
pressante ou irritée du prolétariat ? Il ne prétend
pas résoudre la question, mais il l'impose.

» Il fait plus. Avant toute organisation ouvrière,
il déclare que le prolétariat ne doit pas attendre

son émancipation de la bourgeoisie. Plus tard l'Internationale donnera la formule : « Emancipa- » tion des travailleurs par les travailleurs eux- » mêmes. »

» La conséquence pratique de la formule, c'est, au point de vue électoral, la candidature ouvrière dès que nous lui aurons créé ses conditions vitales et son milieu. »

Il ne prétend pas *résoudre* la question, mais il *l'impose*.

Ce qui signifie : On n'a rien à vous donner à manger, mais on vous conseille de crier bien fort que vous avez faim !

Tas de charlatans lettrés, tas de déclassés ! que vous inspirez de dégoût aux citoyens de toutes les classes, et surtout aux ouvriers honnêtes et laborieux ,qui sont les dignitaires du prolétariat et qui savent ce que valent vos trompeuses assertions !

Quant à la candidature ouvrière, on a pu se rendre compte de la faveur dont elle jouit à Bordeaux même, il y a deux ans.

M. Castaing, un ouvrier très intelligent, possédant une grande facilité d'élocution, en un mot un des mieux organisés pour représen- ter la classe ouvrière à Bordeaux, se portait aux élections législatives en 1877. Quel est le chiffre de voix qui lui fut dévolu ? 333 !...

Voilà un chiffre éloquent en socialisme!

Et quels étaient les ennemis les plus acharnés de la candidature Castaing ?

Des ouvriers mêmes qui se posent comme des champions de la candidature ouvrière :

Un plâtrier, du nom de Darlas ; un graveur nommé Ernest Roche ; un tonnelier nommé Mothes ; un Pannetier, cordonnier; un André, forgeron ; un Guilbaut, peintre ; etc., etc.

Tas de charlatans !

La candidature ouvrière n'a pas de plus grands ennemis que les ouvriers eux-mêmes !

Que la *Révolution française* ose répondre à ces arguments!

En attendant je vais lui donner un renseignement qui ne manque pas de valeur comme enseignement :

Le 10 avril, dans un endroit public, on causait des élections, en présence de plusieurs bonapartistes avérés. Ces messieurs se vantaient hautement d'avoir voté pour Blanqui. Quelqu'un leur fit remarquer le peu d'honnêteté d'un tel vote : « Non, cher Monsieur, répondit l'un d'eux, nous avions une belle occasion de dire au gouvernement : *M....!* et nous n'y avons pas manqué.... Soyez persuadé, d'ailleurs, que nous n'y manquerons pas davantage de dimanche en huit. » (*Lettre particulière du 10 avril.*)

C'est en toute sincérité, en toute connaissance de cause et avec conviction que je vais donner mon appréciation sur l'élection Blanqui. J'ai le regret et le devoir d'affirmer que la ville de Bordeaux est loin d'en être fière, et que le commerce s'en est ému, parce qu'il est facile de prévoir l'océan difficultueux qui se cache en ce moment dans une simple goutte d'eau. Car cette goutte d'eau est loin d'être pure : c'est la quintessence d'une macédoine, c'est le résidu de plusieurs alambics ; c'est, en un mot, un problème dont la solution peut aussi bien exciter le rire que la terreur, la terreur que le rire!...

Du reste, le devoir du gouvernement est tout tracé. J'espère qu'il n'y faillira pas.

La loi, qui doit être pour la République plus que pour tout autre gouvernement une sœur siamoise, la loi, dis-je, doit se montrer en cette circonstance, et avoir le courage de dire, avec d'autres raisons, comme Louis XIV : « L'Etat ! c'est moi ! »

Plus de loi, plus de République !

Cette loi, si chère aux républicains, n'a-t-elle pas déjà été violée ?

Est-ce que le premier individu qui a affiché le placard Blanqui ne commettait pas une illégalité ?

Il aurait dû être arrêté sur-le-champ, et l'affaire aurait dû être appelée au Palais de Justice !

Voilà comment nous autres républicains de cœur et non de langue, nous entendons la République !

Dans les petites comme dans les grandes choses, toujours la loi, rien que la loi!

C'est le seul sentier qui aboutisse à la grande route de l'ordre, de la paix et de la sécurité.

Et si l'on venait me parler de la « voix du peuple » à propos de l'élection de la première circonscription de Bordeaux, je répondrais que cette voix du peuple a au-dessus d'elle la voix du peuple même, la voix de toute la nation.

La France intelligente, laborieuse, honnête a horreur des Blanqui de tous étages. Elle a horreur du socialisme, de la Commune et de ses dérivés.

Elle l'a dit déjà par ses votes. A un moment donné, elle l'expliquerait autrement s'il le fallait !

Bacalan n'est pas la France !

Bacalan n'imposera pas ses volontés !

Quant à moi personnellement, je ne m'inclinerai pas plus devant la voix du peuple ouvrant les portes de la Chambre, *sous la prési-*

dence de M. Jules Grévy, au perturbateur Blanqui, que je ne me suis incliné devant cette même voix lorsqu'elle a décerné, *après Sedan*, un mandat de député à M. Jérôme David !..

Les deux résultats sont les mêmes : l'un proclame le bonapartisme ; l'autre prépare la voie par où passent les Bonaparte !

Nous sommes plus que jamais dans une période d'épreuves.

Un souvenir historique me frappe la mémoire en ce moment :

Un soir, du fond de l'Elysée, une voix rauque exhalait cette injonction :

« Dites à Saint-Arnaud de faire exécuter mes ordres ! »

Si le socialisme et le radicalisme, ces deux plaies sociales, osent trop lever la tête en France, on peut s'attendre à la chute du régime actuel.

La race des Saint-Arnaud, des Maupas, des Persigny n'est pas encore éteinte. Leurs compères, les Jérôme David, les Mitchell, les Bouville, etc., sont actuellement aux aguets aux portes du pouvoir.

Il est trois millions d'électeurs dont on ne connaît pas la couleur politique. Inactifs en période ordinaire, ceux-là rentrent en ligne dans les moments solennels pour peser lourdement d'un côté de la balance.

Les routes où figurent les poteaux blanquistes ne sont pas des routes nationales. Ce sont les sentiers de l'instabilité au bout desquels se trouve toujours un *sauveur !*

Dans tous les sentiers de l'instabilité se présente l'image de Blanqui !...

PERSONNAGES ET FAITS DIVERS

Il paraît que le citoyen Roche est le patron de la candidature Blanqui à Bordeaux. Il s'est même désisté en faveur du héros de l'idiotisme politique. Quelle grandeur d'âme !...

Le citoyen Roche n'aura ni paix ni trève que lorsque « tout gouvernement sera aboli dans notre pays, pour faire place à la *fédération* des communes libres de France !... »

S'il existe à Bordeaux un homme capable d'approfondir cette phrase et de m'en donner le sens, n'importe à quel point de vue, je le supplie en grâce de m'en aviser.

Ce doit être la quintessence de l'esprit... ou de la bêtise.

Des ouvriers intelligents m'ont prié de définir le citoyen Roche. Rien n'est plus facile.

Il a beaucoup d'analogie avec ces jeunes écoliers qui récitent admirablement les fables de La Fontaine ou de Florian, mais qui ne peuvent en tirer les conclusions morales ou littéraires sans le secours de quelque Bertin.

On prétend que le citoyen Roche nourrit l'espoir d'être un jour candidat à la députation dans un collége quelconque de Bordeaux. Bravo ! s'il en est ainsi. J'espère bien que ce jour-là cet honorable acrobate politique trouvera en face de lui un compétiteur de taille à déjouer ses calculs enfantins, un compét.teur, ouvrier comme lui, mais plus *ferré* que lui sous tous les rapports.

J'ai nommé M. Auguste Germond, ex-lieutenant de zouaves, une des rares capacités de la typographie bordelaise.

M. Roche connaît, du reste, M. Germond, et l'on m'a assuré que ce dernier connaît parfaitement le nourrisson de M. Delpit.

Nous pouvons donc être sans crainte au sujet de la fameuse fédération des communes libres de France. Pourvu, toutefois, qu'il ne vienne pas à l'idée de M. Delpit de prendre en main la queue de la poêle ?

Rien que d'y songer, ça fait venir le frisson !

La fièvre typhoïde est une terrible maladie !...

———

Je tiens essentiellement à placer dans ce livre la lettre du docteur Mauriac, adressée à la *Gironde* :

Bordeaux, 19 avril 1879.

Monsieur le Rédacteur,

Ancien membre du Comité Métadier, je crois de mon devoir, à la veille du scrutin et en présence de l'opinion qui semble attribuer à ce comité des agissements occultes en faveur de la candidature Blanqui, de faire publiquement la déclaration suivante :

Il n'existe plus de Comité Métadier depuis le lendemain de l'élection du 6 avril. Chacun de ses membres a repris son entière liberté d'action, comme le candidat lui-même, qui en a déjà usé dans un sens que, pour ma part, je ne puis approuver.

Entre la politique droite et ferme de l'Union républicaine que nous avons soutenue le 6 avril et les théories socialistes et communalistes que représente, quoi qu'on en dise, la candidature Blanqui, il ne saurait y avoir aucun point de contact. Aucune conciliation n'est possible sur un terrain aussi mal choisi.

On a beau invoquer la nécessité qu'il y a d'infliger un échec à la *Gironde* et faire vibrer la corde sensible en faveur du vieillard de Clairvaux, on ne fera pas que des républicains sérieux se décident à voter pour un candidat qui n'a pas leur confiance, dont ils réprouvent les théories et qui, d'ailleurs, serait absolument incapable de défendre à la Chambre les intérêts de notre ville, qu'il ne connaît pas.

Cette dernière raison mérite d'être prise en sérieuse considération par tous ceux que n'aveugle pas l'esprit de parti, qui vivent dans le monde des affaires et non dans celui des rêveurs et des utopistes.

Comptant sur votre obligeance pour insérer cette lettre dans votre prochain numéro, je vous prie, Monsieur le Rédacteur, de vouloir bien agréer l'expression de mes sentiments les plus distingués.   E. MAURIAC,
docteur en médecine,
ancien membre du Comité Métadier.

Cette lettre honore son auteur et le corps électoral français. La conscience des honnêtes citoyens de notre cité a déjà rendu hommage à la franchise et au caractère de M. le docteur Mauriac.

Après avoir publié une lettre d'un membre du Comité Métadier, l'impartialité me fait un devoir d'insérer celle que M. Sourbé, membre du Comité Bernard, a adressée à la *Marscillaise* et que la *Victoire* a été la première à reproduire à Bordeaux. On sait que ce journal patronnait à égal titre les deux candidats qui étaient opposés en principe à M. André Lavertujon.

Voici la lettre de M. Sourbé :

Bordeaux, 14 avril 1879.

A Monsieur le Rédacteur en chef du journal LA MARSEILLAISE, *à Paris.*

Monsieur,

Vous venez de publier un compte-rendu incomplet au sujet de la réunion blanquiste de Saint-Bruno. Vous m'y mettez en scène en me prêtant une attitude embarrassée, et en insinuant que je n'ai pas osé défendre jusqu'au bout mon ami M. Octave Bernard.

Vos sarcasmes m'honorent. Je me trouverais fort humilié, du reste, dans cette circonstance, de mériter vos éloges, fussent-ils accompagnés de ceux des feuilles bonapartistes qui font actuellement campagne à vos côtés pour salir à Bordeaux le drapeau de la République.

Vous me reprochez d'avoir été peu clair. Je suis trop sensible à ce dernier reproche pour ne pas m'efforcer de me rendre plus explicite.

Je suis entré dans la salle de Saint-Bruno au moment où un orateur étranger, après avoir cou-

vert de fleurs M. le docteur Métadier qui venait
de manifester son enthousiasme pour la candidature Blanqui, reprochait à M. Octave Bernard de
n'avoir pas suivi cet exemple, ajoutant qu'il
s'était peut-être dérobé en engageant ses lecteurs
à voter pour son oncle.

Je relevai cette insinuation en faisant ressortir
la conduite digne et vraiment républicaine de M.
Octave Bernard, qui avait déclaré, rue Frère, et
avant l'élection, qu'il ne se rallierait jamais à la
candidature Blanqui, aimant mieux se priver des
faciles applaudissements que lui eût valus une
autre réponse, et conserver ainsi l'estime de tous
en ne trompant personne. J'ajoutai que l'homme
qui avait eu le courage de faire cette déclaration
était incapable d'engager ses électeurs à voter
pour M. Lavertujon, alors qu'il savait qu'on ne
l'avait accepté pour candidat que pour l'opposer à
celui de la *Gironde* et à sa politique; que. dès-lors,
l'insinuation était aussi blessante pour les électeurs de M. Bernard que pour le candidat lui-
même.

Je n'avais pas à relever autre chose, par la raison bien simple que je n'avais entendu du dis-
cours de l'orateur que l'insinuation à laquelle je
fais allusion.

J'ajoute que l'auteur de cette insinuation, en
présence de l'approbation unanime que reçurent
mes paroles, s'empressa de déclarer que je l'avais
mal compris ; qu'il n'avait voulu ni attaquer l'ho-

norabilité de M. Bernard, ni rien dire de blessant pour personne.

L'incident étant vidé à ma satisfaction, je n'avais plus rien à ajouter, dans une réunion composée en grande partie d'étrangers à la circonscription et même à la ville. Je n'y étais venu que pour répondre, le cas échéant, aux attaques que des étrangers seuls pouvaient s'aviser d'adresser à mon ami Octave Bernard pour sa noble conduite. Je savais que les républicains de Bordeaux étaient incapables de le faire. J'ajoute que la tâche que je venais remplir dans cette réunion était d'autant plus pénible que les insanités qui s'y sont débitées étaient de nature à soulever de dégoût le cœur de tout républicain sincère.

T. SOURBÉ.

Cette lettre, si l'on veut bien la lire avec soin, est un document qui jette une lueur aussi vive qu'édifiante sur les événements qui sont à l'actif de la campagne électorale dont la première circonscription de Bordeaux vient d'être le théâtre.

Quant à moi, il m'importe peu que la conduite de M. Sourbé ait été appréciée de différentes façons : l'essentiel dans une affaire grave est la conclusion. A ce titre, la lettre adressée à la *Marseillaise* par l'ancien membre du Comité Bernard ne manque ni de dignité, ni de signification.

M. Dumontet a appartenu aussi au Comité Bernard. Il se serait même fait couper en quatre pour ce candidat !

Mais aussitôt le résultat du premier tour connu, M. Dumontet — ô le volage ! — a fait un plongeon dans les eaux tourbeuses du Comité Blanqui.

Si je voulais jouer les Caton comme certains jouent autre chose, je dirais :

O conviction ! tu n'es qu'un nom !

Les hommes politiques de la force de M. Dumontet ont le talent de me faire sourire. C'est que ces gens-là se prennent au sérieux.

Il paraîtrait que M. Dumontet brigue la députation ; mais il veut passer par tous les grades avant d'arriver à cette extrémité. Il commencera par être conseiller municipal, ensuite conseiller d'arrondissement, et ensuite conseiller général... et, dame !... député !

Aussitôt arrivé à la Chambre, M. Dumontet — après s'être gratté les yeux, pour les débarrasser d'un produit résineux, et s'être passé la main dans les cheveux, — M. Dumontet, dis-je, demandera l'abolition de l'impôt sur les savons et l'augmentation d'autant sur la patente des perruquiers et coiffeurs.

De même que chaque conscrit porte dans sa giberne son bâton de maréchal, chaque futur député a sa réforme en poche.

Le plus triste de tout cela, lecteur, c'est que nous serons bien vieux lorsque le réformateur Dumontet fera son entrée au Parlement. M'est avis qu'il faudra bien du temps pour gravir toutes ces étapes !

Le citoyen Dumontet appartient à la typographie, un corps lumineux qui est en train de jeter ses dernières lueurs, hélas ! — Mais pour rendre à César ce qui est à César, je dois dire que les plus arriérés dans leur métier, parmi les typographes bordelais, sont justement ceux dont les opinions sont les plus tranchées en politique.

Voilà encore qui me fait bien sourire ! Et quand on me dit que la logique est un légume qui poussera à côté de l'instruction, je ne peux pas vous dire l'effet que cela me produit.

O idiotisme ! que de progrès tu fais en ce bas monde ! Qu'il serait naïf de t'appliquer en la parodiant la suprême exclamation de Brutus Marcus !...

COUP DE CHAPEAU

J'ai salué ces messieurs de la rue Cabirol au commencement de cette brochure ; je tiens à les saluer en la terminant :

Salut à vous ! jeunes gens pleins de cette noble ardeur qui caractérisait les pompiers de Nanterre !

Salut à vous !

Peut-être serez-vous un peu surpris d'un tel excès d'honneur, d'une telle courtoisie et d'une telle attention ?

S'il en est ainsi, vous ne possédez donc aucune des qualités qui caractérisent l'homme radical ! Moi qui me fais une gloire de m'intituler opportuniste, je m'attends à tout de la part des radicaux, et j'engage les radicaux qui veulent faire honneur à leur parti à ne pas s'endormir sur leurs deux oreilles en face des opportunistes.

Car, en réalité, qu'est l'opportuniste ?

C'est l'homme qui frappe au moment voulu, c'est le forgeron qui frappe sur l'enclume quand le fer est chaud.

Qu'est le radical ?

L'insensé qui frappe étourdiment, qui assourdit ses voisins parce qu'il frappe sur l'enclume à tort et à travers, et qui fait d'autant plus de tapage que le résultat est absolument nul.

Salut à vous ! jeunes gens de la rue Cabirol !

Puisque vous êtes radicaux-socialistes, vous devez vous attendre à des actes issus directement de cette école ; ou bien vous n'êtes pas logiques, et vous êtes des radicaux de carton !

Le carton joue un grand rôle dans la comédie radicale usuelle.

Avec le carton on confectionne les faux-nez !

Pardon, jeunes gens, de vous contrarier quelque peu sur un point fondamental ! Ce n'est pas ma faute si je suis opportuniste : c'est la nature qui est coupable.

J'ai collaboré à la *Victoire* avant que vous en connussiez l'existence, et j'y ai fait campagne, à côté de l'un de vous, pendant le 16 Mai, pour combattre les ennemis de la France; mais j'ai toujours été collaborateur à titre particulier, et je dois déclarer que M. Bord, l'ancien propriétaire, a toujours respecté mes manuscrits, tant au point de vue du fond qu'à celui de la forme. En agissant ainsi, il a fait preuve de libéralisme à mon égard : je me plais à le constater publiquement.

Je tiens aussi à déclarer publiquement que ma collaboration à la *Victoire* a cessé dès que j'ai su que vous étiez en pourparlers avec M. Bord pour l'achat de cette feuille, et que je n'ai jamais songé à y écrire depuis.

Il ne peut y avoir aucun doute à cet égard.

—

Maintenant, revenons au point essentiel de notre affaire. Me rendrez-vous les honneurs à la façon radicale ou à la façon opportuniste ? J'avoue que c'est une question assez embarrassante pour vous. Cependant, si vous voulez me croire vous ferez comme le meunier de la Fable.

Quói qu'il en soit de votre résolution à prendre, la mienne est en avance sur vous : je suis opportuniste.

Je sais bien que vous avez du courage et que vous vous battez bravement à l'occasion ; mais je trouve que pour des radicaux vous professez un peu trop le culte des distances.

Vint-cinq pas ! c'est bien loin quand il s'agit d'un pistolet. Il me semble qu'il est impossible d'obtenir un résultat sérieux dans ces conditions. Ah ! si vous me parliez d'une carabine rayée, bien chargée, bien à l'œil et facile à la détente : à trente pas on pourrait peut-être *tomber* son homme, de façon à ne pas rentrer bredouille comme au retour de Plessis-Picquet.

Voulez-vous que je vous donne mon opinion sur le duel? Eh bien! je ne connais rien de plus absurde, de plus bête. Et cependant c'est une monnaie courante! On s'en sert pour faire de la réclame. On trouve même des imbéciles capables de mordre à cet hameçon !

La civilisation, la logique exigeraient qu'entre écrivains deux adversaires usassent d'abord leur plume jusqu'à la barbe. On aviserait ensuite.

Dans le différend qui existe entre nous, il s'agit d'une lutte à mort entre l'opportunisme et le radicalisme. Nous sommes tous des hommes de plume, des journalistes : pourquoi dédaignerions-nous l'arme la plus noble, la plume ? On peut aussi bien *tuer* un homme avec la plume qu'avec autre chose. Je présume bien que vous ne me craignez pas sur ce terrain, et je suppose aussi que vous ne nourrissez pas l'espoir de me faire peur !

Tout se rencontre à merveille. Usons donc la plume jusqu'à la barbe dans notre guerre à mort. D'autant plus que je conserve pour l'avenir des projectiles autres que ceux dont je me sers aujourd'hui. C'est une attaque à l'eau rougie, celle-là ; le vin pur viendra ensuite ; après le vin pur, l'alcool.

Je tire aujourd'hui sur vous avec des cartouches n° 10 ; si elles ne suffisent pas, j'emploierai le n° 5 d'abord, ensuite le n° 1, que je tiens en réserve pour le grand coup.

Ainsi agissent les opportunistes.

Et j'espère n'avoir pas besoin d'autre chose que la plume pour vous *tomber*. Chacun a sa manie. Vous vous dites malins, je le sais. Pourquoi n'aurais-je pas les mêmes droits que vous?

Ici je vous colle au pied du mur.

Si la plume ne suffit pas, nous aviserons. Les opportunistes ne reculent pas devant les radicaux-socialistes quand leur conscience leur dit d'avancer.

Ce ne sont pas ceux qui font le plus de tapage qui portent dans leur cœur les principes de 89 !

Celui qui se sert de l'épée doit périr par l'épée !

Mais vingt-cinq pas, c'est une bien grande distance !

Encore une fois, salut à vous !

PRINCIPAUX OUVRAGES DU MÊME AUTEUR

LE RADICALISME ET LES RADICAUX.

DIEU, LE SOLEIL, LA TERRE, L'HOMME (Etudes philosophiques : Psychologie et Physiologie).

LES BORDELAIS ARISTOCRATES, EN HAILLONS, EN BLOUSE, EN HABIT. (Deux éditions complétement épuisées.)

LES CUISINIERS POLITIQUES BORDELAIS. (Trois éditions complétement épuisées.)

LE COUP D'ÉCLAT PARLEMENTAIRE DU SEIZE MAI. (Épuisé.)

DE RIBÉRAC A HAUTEFAYE. (Épuisé.)

BORDELAISES ET BORDELAIS EN 1878. (Deux éditions entièrement épuisées.)

NOS MÉDECINS BORDELAIS EN 1878. (Trois séries formant un beau volume de plus de 300 pages ; — 1 fr. chaque série ; — chez les principaux libraires.)

LES RUOLZ-FEMMES ET LES HÉRONS-FILLES (Étude sociale). Prix : 60 cent. par la poste. (Ce dernier opuscule est sur le point d'être épuisé.)

(Adresser les demandes par la poste, pour ces deux derniers ouvrages, à l'auteur, rue Servandoni, 26.)